Manfred Mai · Susanne Berger

Amerika, Brasilien, China …
Eine ABC-Weltreise

Dieses Buch gehört:

Anna

Manfred Mai

AMERIKA, BRASILIEN, CHINA ...

Eine ABC-Weltreise

Mit Bildern von
Susanne Berger

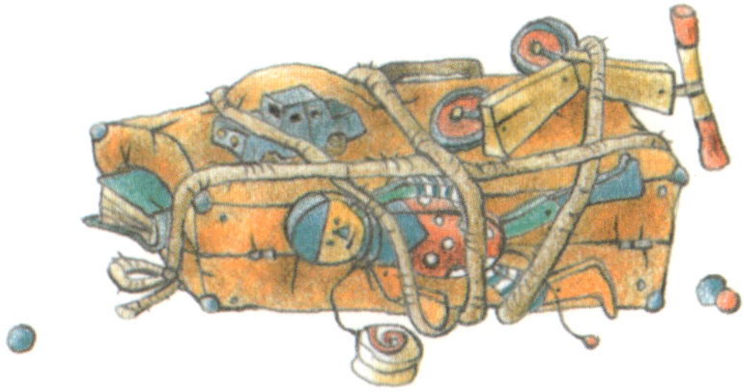

Ravensburger Buchverlag

Die Deutsche Bibliothek – CIP-Einheitsaufnahme

Amerika, Brasilien, China ... :
eine ABC-Weltreise / Manfred Mai.
Mit Bildern von Susanne Berger.
[Red.: Denise Strauss]. –
Ravensburg: Ravensburger Buchverl., 1998
(Der Blaue Rabe: Erster Lesespaß)
ISBN 3-473-34104-5

Die Schreibweise entspricht den Regeln der neuen Rechtschreibung.

4 3 2 1   98 99 00 01

Ravensburger Blauer Rabe

Umschlagbild: Susanne Berger
Redaktion: Denise Strauss
Gesamtherstellung: Mohndruck, Gütersloh
Printed in Germany
ISBN 3-473-34104-5

Am Anfang war das  ,
sonst war noch gar nichts da.
Das A flog nach Amerika,
und dort fand es ein zweites A.

Jn Brasilien lebt das B
auf einem Baum am großen See.
Es baumelt dort an einem Bein
und schiebt Bananen in sich rein.

Das C ist reich und reist sehr gern,
kennt alle Länder nah und fern.
Nach China traut das C sich nicht,
weil man dort nur chinesisch spricht.

Jn Deutschland war das D zu Haus,
doch zog es in die Welt hinaus.
Jetzt lebt das D in Dänemark
in einem schönen Haus mit Park.

Es war einmal ein kleines e,
dem taten seine Beine weh,
weil es nach seinen Eltern rief
und dabei durch halb England lief.

„Friede, Freude, Pflaumenkuchen,
wer mich finden will, muss suchen!“,
rief das F und hüpfte fix
durch Frankreich wie einst Asterix.

„Gut gekocht ist halb gegessen“,
sagt das dicke  beim Essen.
Weil die Griechen gern gut kochen,
genießt das G die Urlaubswochen.

„Hört mal her, ihr klugen Leute!“,
rief das kleine Häschen heute.
„Jch war zwei Jahre auf Hawaii
und hab’ ein echtes H dabei.“

Jn Jndien lebt ein kluges ,
das verrechnet sich fast nie.
Es zählt die vielen, vielen Jnder
und die Millionen Jnderkinder.

Ein J fliegt einmal jedes Jahr
mit einem Jumbo, das ist klar,
von Java nach Jerusalem,
um sich dort alles anzusehn.

König K aus Kamerun
hatte kaum etwas zu tun.
Kein Kameruner kam zum König,
denn den König mochten wenig.

„Hallo! Du da! Hilf mir schnell!“,
ruft aufgeregt ein großes 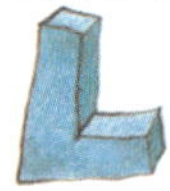.
„Kennst du den Weg zum Libanon?“
„Klar, da war ich sogar schon.“

Ein M wohnt vornehm in Monaco,
ein andres hinten in Marokko.
Doch egal an welchem Ort,
Freunde gibt es da und dort.

Nepal ist ein kleines Land,
vielen Menschen unbekannt.
Dabei kann man dort sehr schön
ein N im Schein der Sonne sehn.

Durch Oslo hopst ein freches O
und zwickt den Ole in den Po.
Dann hopst es schnell an ihm vorbei
und lacht ihn auch noch aus dabei.

Pedro pennt in Portugal,
plötzlich gibt es einen Knall.
Er sieht ein P durch Pfützen flitzen
und packt es, um es zu besitzen.

Ein kleines Q steht in Quebec
und rührt sich
keinen Schritt vom Fleck.
Es quengelt, weil es Hunger hat,
doch Quengeln
macht es auch nicht satt.

Das R wohnt gern in einer Stadt,
die viele schöne Türme hat.
Es ist in Ravensburg verliebt,
wo es auch tolle Bücher gibt.

Das S kommt aus dem Senegal,
kann singen wie ’ne Nachtigall.
Die Stimme klingt so wunderschön,
da bleiben viele staunend stehn.

Ein T nimmt sich drei Wochen frei
und reist allein in die Türkei.
Dort trifft es bald ein nettes T
und springt vor Freude in die Höh'.

Jm Urwald gleich bei Uruguay,
da lebt ein bunter Papagei.
Er teilt sein Nest mit einem U
und deckt es mit dem Flügel zu.

Ein junges V
spielt gern mit Schlamm.
Davon gibt's viel in Vietnam.
Vom vielen Schlamm
wird es zwar schmutzig,
doch schmutzig ist das V sehr putzig.

Wo das W wohnt, willst du wissen.
Da wirst du lange suchen müssen.
Es ist ein wunderschöner Fleck
an einem See bei Winnipeg.

Jn Xanten lebt schon lang ein X,
es ist sehr klein und traut sich nix.
Da kommt die Hexe Xenibein
und hext ins x viel Mut hinein.

Jn York wohnt dieses Y.
Es spielt auf einem Xylophon
seit seinem dritten Lebensjahr,
und heut' ist es ein großer Star.

Jn Zypern ist das Z zu Haus.
Zur Zeit schaut es zum Fenster raus
und zieht an seinem Wackelzahn,
doch der Wackelzahn bleibt dran.

Manfred Mai wurde 1949 in Winterlingen auf der Schwäbischen Alb geboren. Dort hat er zunächst als Maler und Werkzeugschleifer gearbeitet. Später ist er Lehrer geworden, und heute ist er ein sehr erfolgreicher Kinderbuchautor. Er lebt mit seiner Frau und zwei Töchtern dort, wo er geboren ist, und manchmal schreibt er auch so, wie man dort spricht, nämlich schwäbisch. Jm „Blauen Raben“ sind von ihm noch viele andere Geschichten erschienen.

Susanne Berger wurde 1965 in Eutin geboren. Sie studierte an der Fachhochschule für Gestaltung in Hamburg. Mit ihren Zeichnungen will sie die Welt ein bißchen auf den Kopf stellen und den Spaß wecken an den vielen komischen und spannenden Dingen, die es überall zu entdecken gibt. Die ABC-Weltreise ist ihr erstes Buch im „Blauen Raben“.